Partnersuche und Online Dating. Inwieweit beeinflussen Dating-Apps unser Kennenlernverhalten?

Bibliografische Information der Deutschen Nationalbibliothek:

Die Deutsche Nationalbibliothek verzeichnet diese Publikation in der Deutschen Nationalbibliografie; detaillierte bibliografische Daten sind im Internet über http://dnb.d-nb.de abrufbar.

ISBN: 9783389053720
Dieses Buch ist auch als E-Book erhältlich.

© GRIN Publishing GmbH
Trappentreustraße 1
80339 München

Druck und Bindung: Books on Demand GmbH, Norderstedt Germany
Gedruckt auf säurefreiem Papier aus verantwortungsvollen Quellen

Das Buch bei GRIN: https://www.grin.com/document/1477679

WWU Münster, Institut für Soziologie

WS 2023

Seminar: Soziologie der sozialen Medien

5 LP

Meet me if you can – Inwieweit beeinflussen Dating-Apps unser Kennenlernverhalten?

BA HRSGe

Sozialwissenschaften, Sport

Abgabetermin: 31.03.2023

Inhaltsverzeichnis

1 Einleitung

Die Digitalisierung nimmt im 21. Jahrhundert immer weiter zu und ergänzt bereits viele Lebensbereiche mit neuen Möglichkeiten. Derartige Veränderungen sind auch bei der Partnersuche zu verzeichnen: Während die Menschheit vor der Entwicklung internetbasierter Plattformen die Partner im realen Leben finden musste, ist es nun möglich, die Partnersuche durch digitale Angebote zu erweitern. Prognosen zufolge werden 2024 weltweit rund 276,9 Millionen Menschen, Nutzer etwaiger Partnerbörsen sein (vgl. Statista, 2022).

Bereits zu Beginn der Covid-19-Pandemie ist ein Anstieg der Nutzung von Online-Dating-Portalen zu verzeichnen, da durch politische Maßnahmen wie Kontaktbeschränkungen und Schließungen von Bars und Diskotheken auf herkömmliche Weise keine neuen Bekanntschaften geschlossen werden konnten. Das wachsende Interesse an Singlebörsen spiegelt sich in einem wachsenden Umsatz von Online-Dating-Plattformen wider: Allein in Deutschland wird ein Umsatz von 2.056,6 Millionen Euro erwartet. Kalkuliert wird, dass sich dieser Umsatz in den kommenden Jahren noch einmal um weitere Millionen Euro steigert (vgl. Statista, 2022).

Eine der führenden Apps, um potenzielle Partner online kennenzulernen, ist Tinder. Basierend auf Bildern und Selbstbeschreibungen auf dem jeweiligen Profil einer Person, entscheiden Tinder- Nutzer, ob der jeweils andere einem gefällt oder nicht. Sofern sich beide Personen gegenseitig ein Like geben, entsteht ein sogenanntes Match und die Personen können miteinander in Kontakt treten. Wie aber auch offline, im realen Leben, müssen sich die Gesprächspartner erst einmal Gedanken machen, wie sie mit der gematchten Person in Kontakt treten wollen. So einfach war das Kommunizieren bisher noch nie - soziale Netzwerke zum Beispiel wie *Facebook*, *Twitter* oder *Instagram* erlauben ihren Nutzern, ständig und überall über die entsprechende App auf dem eigenen Smartphone in Kontakt zu stehen. Blieb man anfangs vor allem mit Leuten in Kontakt, die man ohnehin schon kannte und zu denen man auch über das Internet Kontakt pflegen wollte, konnte man bald auch neue Bekanntschaften über das soziale Netzwerk schließen. Auch die Partnersuche ist inzwischen über das Handy möglich: Diverse Dating-Apps erlauben die gezielte Partnersuche für eine Partnerschaft - ganz gleich welcher Art.

Der folgende Aufsatz befasst sich vor allem mit der heutigen Partnersuche und den damit einhergehenden Schwierigkeiten. Zu diesem Zweck wird zuerst der theoretische

Hintergrund dargelegt und im Anschluss wird die Partnerschaftssuche am konkreten Beispiel der Dating-App *Tinder* dargestellt. Dies erfolgt im Hinblick auf die Frage, welche Rolle Dating-Apps im Prozess des Kennenlernens spielen.

Der Blick fokussiert sich auf sogenannte Dating-Plattformen, oder genauer gesagt auf Dating-Apps, und insbesondere auf das Dating zwischen Frauen und Männern. Wenn nachfolgend von Dating- Plattformen die Rede sein wird, sind mobile Dating-Apps gemeint. Grundsätzlich gehören auch Dating-Plattformen zur Rubrik der Online-Kontaktbörsen, unterscheiden sich aber von den sogenannten Matchmaking-Plattformen. Diese sind nämlich im Gegensatz dazu durch die Eigeninitiative der Partnersuchenden charakterisiert, die auf Dating-Plattformen gezielt Kontakt zu anderen Akteuren herstellen, die sie sich zuvor selbst ausgewählt haben. Der Kontext wird also von den Akteuren bewusst gewählt und ist deutlich auf die Suche und Auswahl von Kontaktpersonen ausgelegt (vgl. Skopek 2011, S. 76).

Es soll darauf hingewiesen werden, dass aufgrund der leichteren Lesbarkeit in dieser Arbeit das generische Maskulinum verwendet wird. Es soll jedoch ausdrücklich darauf hingewiesen werden, dass dieser als geschlechtsneutral zu verstehen ist und ebenso die weibliche Form als auch andere Formen einschließt.

2 Theoretischer Hintergrund

Die Partnerwahl trifft jeder Mensch frei, ist jedoch an bestimmte Gegebenheiten gebunden (vgl. Nave-Herz, 2004, S.131). In der Vergangenheit war der Mensch mehr in Gemeinschaften integriert, was die Partnersuche prägte (vgl. Haring, S.95). Die zunehmende Individualisierung hatte zur Folge, dass diese Suche zunehmend individueller erfolgte (vgl. Beck, 1990, S.76). Die Sehnsucht nach einer lebenslangen innigen Partnerschaft ist auch zu Anfang des 21. Jahrhunderts noch präsent, jedoch an andere Gegebenheiten gebunden als in der damaligen Zeit (vgl. Mahlmann, 2003, S.171f.). Die Herausforderungen, das Liebesglück zu erfahren und dann auch dauerhaft zu bewahren, haben sich nicht gewandelt. Allerdings verfolgen die Verliebten heutzutage nicht zwangsläufig das Ziel einer lebenslänglichen Partnerschaft (vgl. ebd.). Sie sehen Beständigkeit als erstrebenswert an, aber nicht als eine Notwendigkeit und vor allem nicht zu jedem Preis (vgl. ebd.). Dies schließt zwar die ursprüngliche Sehnsucht nach Verbundenheit nicht aus, doch unterliegt diese Sehnsucht der "Logik des Individualismus", die es dem Individuum erschwert, eine dauerhafte Partnerschaft zu pflegen (vgl. ebd., S.174). Die Selbstliebe in Gestalt der Selbstentfaltung strebt nach der Erfüllung des Ichs. Wenn diese Befriedigung durch eine Bindung eingeschränkt wird, führt dies in der Regel zu deren Scheitern, da die Lebenspläne nicht übereinstimmen und Kompromisse nicht gefunden werden, wie sie für langfristige Beziehungen erforderlich sind (vgl. ebd., S.175). "Die Personen versuchen es lieber immer wieder, in der Erwartung, dass sie eines Tages die perfekte Verbindung finden" (Ebd.). Ein erneuter Versuch verlangt einen neuen Partner, der erst einmal gefunden werden muss. Der heutigen digitalen Gesellschaft eröffnen sich für diese Suche verschiedene neue Perspektiven. Im Folgenden werde ich zunächst auf Online-Dating im Allgemeinen eingehen und den aktuellen Stand dieser Art von Dating erläutern.

3 Online Dating

Das Smartphone ist heutzutage omnipräsent und dient nicht nur zum Telefonieren. Die Verbraucher können sich je nach ihren persönlichen Vorlieben diverse Applikationen (kurz *App*) runterladen. Das englische Wort *App* bezeichnet Anwendungsprogramme auf dem Handy, die für unterschiedliche Einsatzbereiche verwendet werden können (vgl. Behrendt, 2017). Ein solcher Zweck kann das Dating sein, da das Internet zu einem Mittel der Partnerschaftssuche geworden ist (vgl. Fellmeth, 2005, S.228). Diverse Dating-Apps wie *Tinder*, *Badoo* oder *Lovoo* erlauben es, Personen gezielt kennenzulernen und mit ihnen Kontakt aufzunehmen.

Die Auswertung einer 2016 unter 736 befragten Männern und Frauen durchgeführten Umfrage zur Nutzungsbereitschaft von Partnerschaftsportalen und Dating-Apps in Deutschland zeigte, dass sich etwa siebzehn Prozent der weiblichen Befragten prinzipiell die Nutzung eines Partnerschaftsportals oder einer Dating-App vorstellen können. Unter den befragten Männern waren es demgegenüber rund fünfzehn Prozent (vgl. Statista, 2017). Im Jahr 2016 gaben von rund tausend befragten Erwachsenen im Alter von 18 bis 65 Jahren rund 37 Prozent an, dass sie aktuell oder in der vergangenen Zeit schon einmal einen Partner im Internet suchten. Bei den 30- bis 39-Jährigen waren es 43 Prozent, die schon einmal online nach einem Lebenspartner gesucht haben (vgl. Parship). In einer weiteren Erhebung aus dem Jahr 2016 wurde festgestellt, dass von knapp 750 befragten Smartphone-Nutzern rund vierzehn Prozent der befragten Männer und fünfzehn Prozent der befragten Frauen eine Dating-App nutzen (vgl. Bitkom, 2017). Wie soeben illustriert, ist die Verwendung einer Dating-Plattform ein populäres Instrument für die Suche nach einem passenden Partner. Im

Folgenden wird die Plattform Tinder als Beispiel etwas näher betrachtet. Es soll aufgezeigt werden, wie eine Online-Plattform grundsätzlich aufgebaut ist und wie sie genutzt werden kann.

3.1 Tinder App als Beispiel für online Dating

Die US-amerikanische Dating-App Tinder ist im Jahr 2012 erstmalig zum Download bereitgestellt worden (vgl. Smith, 2022). Die Gründer Sean Rad, Jonathan Badeen, Justin Mateen, Joe Munoz, Dinesh Moorjani und Whitney Wolfe verfolgen das Ziel, Menschen miteinander in Kontakt zu bringen und besonders Personen in nächster Umgebung zu vernetzen.

Mithilfe der App ist es möglich mit anderen Nutzern neue Bekanntschaften zu schließen, mit diesen zu flirten und sich gegebenenfalls zu einem unverbindlichen Treffen zu verabreden. Tinder kann heutzutage in 190 Ländern kostenfrei im jeweiligen App Store des Smartphones heruntergeladen werden (vgl. Smith, 2022) und zählt zu einer der bekanntesten Dating-Apps (vgl. Voss et al., 2021). Tinder wird monatlich von regelmäßig 60 Millionen Menschen verwendet und wurde allein bis Ende Oktober 2021, 430 Millionen Mal heruntergeladen (vgl. Smith, 2022).

Tinder wird vorwiegend über das Smartphone verwendet und ist besonders bei jungen Erwachsenen beliebt. Zwar liegt das Mindestalter bei 18 Jahren und besitzt keine Begrenzung nach oben. Dennoch wird das Nutzerbild der App von der jüngeren Generation geprägt, weswegen das Durchschnittsalter unter 30 Jahren liegt. Das Verhältnis zwischen den Geschlechtern ist zudem ungleich verteilt, da es einen Männerüberschuss von 62% gegenüber den 38% weiblichen Nutzern gibt. Daraus ergibt sich, dass Frauen eine höhere Chance haben einen passenden Partner zu finden (vgl. Statista, 2015).

Die App verwendet ein Wischmechanismus, der so funktioniert, dass ein Nutzer auf Grundlage des Profils einer Person entscheidet, ob ein Interesse bestehen würde mit diesem in Kontakt zu treten. Den Entschluss kann ein Nutzer auf Grundlage der jeweiligen Profilfotos, des Vornamens sowie des Alters und der Entfernung zur vorgeschlagenen Person treffen. Ferner können anderweitige, freiwillige Angaben wie den Lieblingskünstlern, dem Beruf sowie Informationen aus einem Kurztext des Nutzers als Entscheidungsfaktoren dienen. Gefällt einem Nutzer das Profil einer Person wischt er nach rechts, während bei einem

Missfallen eines Profils nach links gewischt wird. Im Falle, dass beide Personen sich gegenseitig nach rechts gewischt haben, entsteht ein sogenanntes Match. Ab diesen Zeitpunkt können die Nutzer, über dem in der App integrierten Chat, in Kontakt treten. Bei Bedarf und beidseitiger Zustimmung kann zudem die Video-Chat-Funktion verwendet werden. Das Wisch-System generiert eine einfache Bedienung der App und ermöglicht es den Nutzern unkompliziert und schnell zwischen einer Vielzahl potenzieller Partner wählen zu können. Dabei muss sich ein Nutzer nicht auf ein Match beschränken, sondern kann sich bei Interesse gleichzeitig mit mehreren Personen verbinden. Die Entscheidung, ob mit einem anderen Nutzer Kontakt aufgenommen werden soll, liegt bei den Nutzern selbst und beruht auf der Beurteilung von Profilangaben.

Ein Nutzer der Dating-Plattform kann mithilfe einer Filterfunktion seine Suche eingrenzen, indem er den maximalen Suchradius angibt, das gesuchte Geschlecht sowie eine Altersspanne einstellt. Zusätzlich bietet Tinder des Weiteren einige Funktionen gegen Zahlung eines Entgeltes an, welche Nutzern mehr Möglichkeiten eröffnen. Dazu gehören unter anderem die Aufhebung des Like-Limits von 100 Profilen am Tag, eine Undo-Funktion, die die letzte Wisch-Entscheidung rückgängig macht, sowie die Möglichkeit zu sehen, welche Person dem eigenen Profil bereits ein Like gegeben hat. Neben der in der kostenfreien Grundfunktion enthaltenen Option mit einem Match schreiben zu können, wird es Nutzern außerdem in der Bezahlversion ermöglicht, auch ohne ein Match mit jemanden in Kontakt treten zu können.

Jedoch Die Nutzungsmotive der Nutzer variieren von sowohl unverbindlichen sexuellen Begegnungen und der Suche nach Selbstbestätigung, über Entertainment-Zwecke bis hin zur Suche nach einer ernsthaften Partnerschaft. Dabei stellt Tinder eine Plattform sowohl für hetero- als auch homosexuelle Personen dar. Diese werde ich im Folgenden Abschnitt näher behandeln und hinterleuchten.

3.2 Nutzungsmotive

Laut Timmerman und De Clauwé ist das Verständnis der Beweggründe für die Nutzung von Tinder von besonderer Bedeutung für das Verständnis des Nutzungsverhaltens. Dementsprechend befasst sich die Hypothese dieser Arbeit auch mit der Frage, was die Beweggründe für die Nutzung von Tinder sind.

Die Motive der Anwender für die Nutzung der App und ihre Beweggründe variieren von reiner Unterhaltung bis hin zu Ego-Boost, dem Streben nach einer Liebesbeziehung oder der Benutzung der App zum Vergnügen (vgl. Ward, 2017, S. 1654).

Den Einfluss der verschiedenen Nutzungsmotive für die Dating-App Tinder erläuterte Aretz (2017, S. 46) in ihrer Studie. Bisherige Untersuchungen haben ergeben, dass sich die Nutzungsmotive in intrapsychische und interaktionale Motive unterscheiden lassen. Zu den intrapsychischen Motiven gehören zum Beispiel der Zeitvertreib, die Unterhaltung, die Selbstbestätigung, die Verbundenheit und die Geborgenheit. Interaktionelle Bedürfnisse und Motive sind dagegen Kommunikation, Flirten und Sex. In bisherigen Untersuchungen ist allerdings ungeklärt, ob die Verwirklichung der unterschiedlichen spezifischen Ziele in den diversen Online-Dating-Diensten variiert. Laut der vorangegangenen Studie von Aretz (2015, S. 41ff) ist jedoch davon auszugehen, dass das Zeitvertreibsmotiv ein gängiges Nutzungsmotiv bei der Dating-App Tinder ist und der Schwerpunkt einer romantischen Liebesbeziehung tendenziell in den Schatten gerät. Die Unverbindlichkeit des Ausprobierens durch die Vielzahl an Angeboten nimmt in diesem Zusammenhang eine bedeutendere und ausschlaggebende Position ein (vgl. Aretz, 2017, S.46).

"So zeigte die Studie, dass die Erfolgsquote beim Zustandekommen einer dauerhaften Beziehung niedrig war, die Hoffnung auf "Flirts" wurde gut erfüllt, die Aussicht auf sexuelle Begegnungen und Freundschaften wurde sogar übertroffen" (vgl. ebd., S.48).

Die Resultate der Untersuchung belegen, dass die größte Wirkung auf den Selbstausdruck durch das Verwendungsmotiv der Selbstaffirmation erzielt wurde. " Zusätzlich bewährten sich die Beweggründe "neue Kontakte finden" (ob für Dates, Freundschaften oder dauerhafte Bindungen) und "einen guten Eindruck hinterlassen" als (teilweise) bedeutende Einflussfaktoren" (vgl. ebd., S.47).

Eine Untersuchung im Auftrag von Ranzini und Lutz (2017) ergab jedoch in der Zusammenfassung abweichende Resultate. Zum einen, dass Freundschaft, Sex und Beziehungswunsch zu den bedeutendsten Beweggründen der Tinder-Nutzung gehören. Zum

6

anderen, dass die Motive Reisen und Entertainment keine wesentlichen Einflussfaktoren auf das Nutzungsverhalten auf Tinder sind. Dies steht im Kontrast zu den Erkenntnissen von Aretz (2017), da hier Entertainment und Zeitvertreib eines der wichtigsten Motive ist. Interessanterweise belegen aber auch die Daten von Ranzini und Lutz (2017, S. 88ff), dass die spielerische Seite der App Tinder ein Hauptmotiv für die Nutzung ist. Problematisch ist aber, dass verschiedene Defizite wie beispielsweise gesellschaftliche Erwünschtheit, Antwortmüdigkeit und Gedächtnisschwäche die Resultate verzerren könnten.

Aus bisherigen Studien geht zwar hervor, aus welchen Motiven die Nutzung der App Tinder oftmals resultiert, jedoch nicht, wie konkret diese definiert sind und wie ausgeprägt die Absicht ist, diese zu verfolgen (z.B. durch vermehrte Nutzung der App) (vgl. ebd., S. 91f).

Man kann also festhalten, dass die Beweggründe oder auch Absichten, eine Online Dating App zu nutzen, sehr unterschiedlich sind und von Person zu Person variieren. Deswegen stellt sich die Frage, wie genau sich die Partnersuche heute von der Partnersuche von vor 30 Jahren unterscheidet. Auf die Frage werde ich im nächsten Abschnitt näher eingehen.

4 Partnersuche heute

In einer Welt, die von Verbesserung und Entwicklung gekennzeichnet ist und in der die Menschen nach Unabhängigkeit, Selbstverwirklichung und Chancengleichheit streben, wird die Partnersuche vor neue Herausforderungen gestellt. Der gesellschaftliche Wandel äußert sich in neuen Wegen der Partnersuche (vgl. Haring, S.17). Man unterscheidet unterschiedliche Dating-Formate, zu denen auch zahlreiche TV-Shows wie *Der Bachelor* oder *Kiss Bang Love* zählen, die Singles zusammenbringen. Auch das Internet als Kommunikationsmittel bietet dem Individuum neue Chancen und Impulse. Das Internet stellt ein wesentliches Instrument zur Anbahnung und Erhaltung von neuen sozialen Kontakten dar (vgl. ebd.). E-Mail-Flirten, Chat-Flirten, Online-Börsen, Dating-Apps, verschiedenste Plattformen und Sexkontakt-Portale - die Bandbreite ist vielfältig und alle versprechen bei der Partnersuche Erfolg. Eva Illouz hebt in diesem Zusammenhang hervor, dass die Technik des Internets mit seinen Dating-Seiten, Online-Dating und sozialen Netzwerken in allererster Linie auf die Partnersuche abzielt (vgl. Illouz, S.120). Hier entsteht eine Freiheitskultur, die eine Kultur der Wahlmöglichkeiten ist (vgl. Haring, S.20). Mehr Wahlmöglichkeiten und verstärkte

Sozialkontakte bieten den Personen neue Chancen, ihr Miteinander zu prägen. Die Vorgehensweise bei der Suche nach einem Partner hat sich zweifellos geändert (vgl. ebd.). Denkt man zwanzig Jahre zurück, so war das gegenseitige Kennenlernen noch ganz anders. Potenzielle Partner lernte man über gemeinsame Interessen oder Freunde besser kennen. Die erste Begegnung fand im realen Leben und nicht durch einen *Swipe* auf der Basis eines Bildes statt. Während man früher unter die Leute in seiner Umgebung gegangen ist, um einen potenziellen Partner zu treffen, geht das heute auch bequem von zu Hause aus. Auch die Auswahl auf den Dating- Plattformen ist vielfältiger. Der sogenannte *Radius* ist beliebig groß, und die Vielfalt ist entsprechend überwältigend. Trotz der gestiegenen Chancen durch Online-Dating empfindet jedoch jeder Zweite die Partnersuche als deutlich schwieriger als noch vor zwanzig Jahren (vgl. Focus, 2022). Das liegt unter anderem an den vielen Optionen, die es erschweren, sich festzulegen. Was die Partnersuche im Internet besonders macht, erläutere ich im nächsten Abschnitt.

4.1 Was macht die Partnersuche im Internet besonders

Für die Partnerwahl ist vor allem der erste Schritt des Interesses und des Kontaktaufbaus ausschlaggebend. Dieser Schritt entfällt in der Variante der Internet-Suche zwar nicht, wird aber wesentlich erleichtert (vgl. Haring, S.96). Denn der Nutzer muss sich zum einen nicht körperlich in die Gegenwart anderer Personen begeben - es ist durchaus möglich, gezielt Kontakt aufzunehmen und bequem von zu Hause aus Nachrichten auszutauschen. Man muss auch nicht in Erfahrung bringen, ob die andere Person ungebunden ist und eine Partnerschaft sucht (vgl. Lenz, 2003, S.96). Die Existenz eines Profils auf einem Dating-Portal ist in einem solchen Fall Zeichen genug.

Das Kennenlernen in der wirklichen Realität basiert auf subjektiven Kategorisierungen von (äußerer) Attraktivität (vgl. Haring, s.96f.). Im Netz funktioniert das ähnlich, wobei es hier möglich ist, sich in den Profilen so zu präsentieren, wie einem selbst am besten gefällt (vgl. ebd., S.97). Äußerliche Makel beispielsweise lassen sich leicht verbergen, während Begegnungen im realen Leben so etwas ausschließen. So stellen sich die Anwender unter Umständen auf eine verfälschte Form dar. Das eigene Ich wird durch das Profil in "einheitliche Kategorien des Geschmacks, der Meinung, der Persönlichkeit und des Temperaments" unterteilt und somit "in eine öffentliche Erscheinung verwandelt" (vgl. Illouz,

2006, S.119). Aus dem eigenen Ich wird „eine öffentlich ausgestellte Ware", die man selbständig auf dem Partnerschaftssuchmarkt anbietet (vgl. Illouz, S.120). Dabei präsentiert sich die „Ware" von ihrer besten Seite.

Hat man sich optimal dargestellt und es kam zur ersten Kontaktaufnahme, so stellt sich die Frage, ob es auch zu einer langfristigen Kontaktaufnahme ausreicht oder es durch das "oberflächliche" lediglich bei einem ersten Anlauf belassen wird. Wie diese Kontaktaufnahme und das anschließende gegenseitige Kennenlernen oftmals verläuft, wird im nachfolgenden Absatz detaillierter erörtert.

4.2   Kontaktaufnahme und Kontakt halten

Ein virtuelles Kennenlernen ist in einem Schritt ganz anders als ein Kennenlernen im Alltagsleben: Es gab noch keine reelle Zusammenkunft, die Kennenlernenden haben einander noch nie zu Gesicht bekommen. Nachdem eine virtuelle Übereinstimmung erzielt wurde, die auf der ersten instinktiven Reaktion auf Fotos basiert, folgt im Optimalfall ein Gespräch. Dabei versuchen die Online-Dater, den Eindruck zu verstärken und geben in der Regel ihre Handynummern preis, um den Kontakt zu intensivieren. Rainer Fellmeth bezeichnet diese Entwicklung als eine "Beschleunigung des Gefühlslebens" (Fellmeth, S.232). Bereits nach einer Woche des digitalen Austauschs hat man das Gefühl, seinen Gesprächspartner schon ewig zu kennen und gestattet ihm bereitwillig Einblicke in die eigene Gefühlswelt. "Das Medium schafft eine Atmosphäre der distanzgeschützten Selbstoffenbarung" (Ebd.). Die Technologie bietet den Benutzern die Gelegenheit, sich selbst zu verstecken und zu erfinden. Laut Fellmeth ist diese Simulation in wirklichen Zusammenkünften kaum möglich (vgl. ebd., S.235). Virtuelle Beziehungen können somit die Beteiligten in eine Täuschung führen, da der Fantasie keine Grenzen gesteckt sind, wenn es nicht zu einer realen Begegnung kommt. "In der Fantasie, die von der Lebendigkeit des Unbewussten profitiert, entstehen lustvolle Bilder - und alles Mögliche ist vorstellbar" (Ebd., S.236).

Kommt es jedoch zur so genannten realen Begegnung, entscheidet sich recht schnell, ob sich der Eindruck und die Erwartungen, die virtuell entstanden sind, bestätigen. Die erste persönliche Begegnung nach einer solchen virtuellen Beziehung ist mit anderen Gefühlen und Erwartungen behaftet, für Fellmeth hat sie einen "feinen Beigeschmack" (Ebd., S.235). Im Grunde kennt man eine Person, weil man sie auf Fotos gesehen hat und mit ihr in intensivem

Kontakt war. Dennoch weiß man nicht genau, was man zu erwarten hat, und sieht der Begegnung mit Spannung und Nervosität entgegen, weil man befürchtet, dass die Erwartungen nicht erfüllt werden. In dem Moment, in dem man den anderen persönlich sieht und mit ihm spricht, wird die gesamte vorangegangene Kommunikation neu geordnet und auf den Prüfstand gestellt (vgl. Haring, S.119).

Wenn der Kontakt bestehen geblieben ist und man sich mag, kann man dann schon von Liebe sprechen oder ist es eher die Vorstellung, in die man sich verliebt hat, *den* Partner gefunden zu haben. Genau diese Frage wird im nächsten Abschnitt näher erläutert.

4.3   Wahre Liebe oder Liebelei

Um neue Menschen kennenzulernen, ist das Internet und damit auch das Mobile Dating eine adäquate Möglichkeit, auf sich aufmerksam zu machen und neue Kontakte zu knüpfen. Auf der Suche nach einer Liebesbeziehung bedarf es allerdings mehr als nur der virtuellen Zweisamkeit. Man unterscheidet zwischen zwei Ausprägungen der Liebe: der Schwärmerei und der gelebten Liebe (vgl. Fellmeth. S.235). Laut Fellmeth eignen sich Online-Beziehungen, um die erste Phase einer Partnerschaft einzuleiten und die ersten Gefühle entwickeln zu lassen. Dieses Stadium gleicht der Verliebtheitsphase, in der "der Verliebte seinen Schwarm kaum kennt" und deswegen auf seine Fantasie angewiesen ist (Ebd., S.235f.). "Wer verliebt ist, will, dass das Objekt der Idealisierung möglichst genau den eigenen Vorstellungen entspricht" (Mahlmann, S.174). Gleiches gilt auch für virtuelle Partnerschaften und deren Intensivierung. Die Nutzer haben hier noch mehr Freiraum, ihre Vorstellungen und Wünsche zu erhöhen. Um die Phase des Verliebtseins zu überwinden, ist der Schritt zur reellen Begegnung erforderlich, denn "was die Betroffenen dann daraus machen, wie sie vom Verliebtsein über einen regen Austausch zu einer gelebten Liebe kommen, muss in der Beziehung geklärt werden. Das Internet ist dabei keine Hilfe" (Fellmeth, S.236). Um eine wirkliche Bindung aufzubauen, ist es notwendig, dass sich die Beteiligten dem "Magnetismus der Internetwelt" entziehen und sich der realen Begegnung stellen (Ebd., S.236f.).

5 Fazit

Wie in der Hausarbeit dargestellt, birgt die Partnersuche über Dating-Apps für Suchende diverse Vor- und Nachteile. Einer der wichtigsten Vorzüge ist die breite Auswahl an möglichen Partnern, die mit geringem Zeitaufwand rasch und gezielt angeschrieben werden können. Die Effizienz ist somit hoch und Auswahl größer als im realen Leben. Darüber hinaus können die Benutzer zügig abklären, was für eine Art von Verhältnis sie eigentlich anstreben oder auch auf einen Blick feststellen, ob gleiche Interessen bestehen. Beim *Face to Face* Dating merkt man eventuell erst durch mehrere Stunden Gespräch, dass der Partner zum Beispiel raucht, was für einen selbst ein *No- Go* ist.

Eine Online-Plattform kann bei der Partnersuche behilflich sein, doch man sollte sich nicht in der Online-Welt verlieren und den Bezug zum realen Leben vernachlässigen. Menschen romantisieren häufig jemanden oder eine Handlung. Die Interaktion über Nachrichten ist zielgerichtet, und die Menschen können sich Gedanken über die Art und Weise machen, wie sie sich selbst darstellen wollen, zum Beispiel sind sie im echten Leben vielleicht nicht so humorvoll, wie sie es in den bisher ausgetauschten Nachrichten dargestellt haben.

Durch die Anonymität und Unkörperlichkeit wird den Nutzern ein gewisses Maß an Sicherheit suggeriert, welches für den Kennenlernprozess durchaus hilfreich sein kann. Im Grunde ist die Möglichkeit, über Apps neue Bekanntschaften zu knüpfen, ein Ausdruck der heutigen digitalen Kommunikation. Die Partnersuche gestaltet sich anders als in der Vergangenheit, denn es gibt andere Formen der aktiven Kontaktaufnahme und -pflege. Zwar wird das Kennenlernen um eine zusätzliche Option ergänzt, aber die reale Beziehung ist nicht durch die digitale Beziehung substituierbar. Die Virtualität ist somit kein Substitut für eine Partnerschaft in der Offline-Welt, sie kann jedoch der Anfang einer derartigen Beziehung sein, sofern die Partnersuchenden nach der ersten Kontaktaufnahme zeitnah die virtuelle Welt verlassen und ihren digitalen Partner in der wirklichen Welt kennenlernen.

6   Literatur- und Quellenverzeichnis

Aretz, W. (2015). Match me if you can: Eine explorative Studie zur Beschreibung der Nutzung von Tinder. Online: http://journal-bmp.de/2015/12/match-me-if-you-can-eine-explorative-studie-zur- beschreibung-der-nutzung-von-tinder/ (Zugriff: 10.03.2023).

Aretz, W. (2017). Date me up: Ein Vergleich von Online-Dating-Portalen unter Berücksichtigung typischer Nutzergruppen und klassischer Ablaufphasen des Online-Datings. *Journal of Business and Media Psycholog, 8*(1),45-57.

Bankhofer, Hadschi/Steinmetz, Björn: Verführung im Internet. Die besten Tipps für den Online-Flirt. Wien: Orac 2000.

Beck, Ulrich/Beck-Gernsheim, Elisabeth: Das ganz normale Chaos der Liebe. Frankfurt am Main: Suhrkamp 1990.

Behrendt,   Björn: Was   ist   eine   App?   Online: https://www.gruenderszene.de/lexikon/begriffe/app (Zugriff: 10.03.2023).

Bitkom: Anteil der Smartphone-Nutzer in Deutschland, die Dating-Apps nutzen, nach Geschlecht   im   Jahr   2016.   Online: https://de.statista.com/statistik/daten/studie/511127/umfrage/anteil-der-   nutzer-   von-smartphone-dating-apps-nach-geschlecht-in-deutschland/ (Zugriff: 10.03.2023).

Dietel, A. (2021, 20. Juni). Digitaler Weg aus der Einsamkeit: Wie Corona unser Dating-Verhalten verändert. n-tv. Online: https://www.n-tv.de/leben/ Wie-Corona-unser-Dating-Verhalten-veraendert-   article22622452.html.prognosen/891018/online-singleboersen-umsatz-weltweit/

(Zugriff: 10.03.2023).

Döring, Nicola: Sozialpsychologie des Internets. Die Beziehung des Internets für Kommunikationsprozesse, Identitäten, soziale Beziehungen und Gruppen. Göttingen: Hogrefe 2003.

Fellmeth, Rainer: Virtuelle Liebe. Gefühle online. In: Kemper, Peter/Sonnenschein, Ulrich (Hrsg.): Liebe – zwischen Sehnsucht und Simulation. Frankfurt am Main: Suhrkamp 2005.

Fokus Online. (2022, 12. Dezember). Zu viel Auswahl kann auch Pberfordern: Partnersuche schwerer als vor 20 Jahren. Online: https://www.focus.de/kultur/paartherapeutin-warum-sich-singles-heute-   viel-schwerer-tun-als-vor-20-jahren_id_180417827.html   (Zugriff: 10.03.2023).

Haring, Sabine/Höllinger, Franz: Beziehungsweise(n) - Liebe und Partnerschaft im Wandel. In: http://nbn-resolving.de/ urn:nbn:de:0168- ssoar-235323, S. 95.

Illouz, Eva: Gefühle in Zeiten des Kapitalismus. Frankfurt am Main: Suhrkamp 2006.

Lenz, Karl: Wie sich Frauen und Männer kennen lernen. Paarungsmuster im Wandel. In: Karl Lenz (Hrsg.): Frauen und Männer. Zur Geschlechtstypik persönlicher Beziehungen. Weinheim: Juventa- Verl 2003.

Mahlmann, Regina: Was verstehst du unter Liebe? Ideale und Konflikte von der Frühromantik bis heute. Darmstadt: Wissenschaftliche Buchgesellschaft 2003.

Nave-Herz, Rosemarie: Ehe- und Familiensoziologie. Eine Einführung in Geschichte, theoretische Ansätze und empirische Befunde. Weinheim: Juventa 2004.

Ranzini, G. & Lutz C. (2017). Love at first swipe? Explaining Tinder self-presentation and motives. *Mobile Media & Communication, 51*(1), 80-101.

Skopek, J. (2011). *Partnerwahl im Internet: Eine quantitative Analyse von Strukturen und Prozessen der Online-Partnersuche*. Springer-Verlag.

Statista. (2022, 18. Januar). Prognose der Umsätze für Online Singlebörsen weltweit bis 2024 (in Millionen Euro). Online: https://de.statista.com/prognosen/891018/online-singleboersen-umsatz- weltweit (Zugriff: 10.03.2023)

Statista. (2022, 18. Januar). Prognose zur Anzahl der Nutzer von Online Singlebörsen weltweit bis 2024 (in Millionen). Online: ://de.statista.com/prognosen/891022/online-singleboersen-anzahl-der- nutzer-weltweit. (Zugriff: 10.03.2023)

Tinder. *Journal of Business and Media Psychology, 6*(1), 41-51.

Ward, J. (2017). What are you doing on Tinder? Impression management on a matchmaking mobile app. *Information, Communication & Society, 20*(11), 1644-1659.

BEI GRIN MACHT SICH IHR WISSEN BEZAHLT

- Wir veröffentlichen Ihre Hausarbeit,
  Bachelor- und Masterarbeit

- Ihr eigenes eBook und Buch -
  weltweit in allen wichtigen Shops

- Verdienen Sie an jedem Verkauf

Jetzt bei www.GRIN.com hochladen und kostenlos publizieren